Votar es importante

¿Quién puede votar?

Kristen Rajczak Nelson
Traducido por Ana María García

PowerKiDS press
New York

Published in 2019 by The Rosen Publishing Group, Inc.
29 East 21st Street, New York, NY 10010

Translator: Ana María García
Editorial Director, Spanish: Nathalie Beullens-Maoui
Editor, Spanish: María Cristina Brusca
Editor, English: Elizabeth Krajnik
Book Design: Rachel Rising

Photo Credits: Cover Hill Street Studios/Blend Images/Getty Images; Cover (background), pp. 1, 3, 4 ,6, 8, 10, 12, 14, 16, 18, 20, 22, 23, 24 PepinoVerde/Shutterstock.com; p. 5 Lisa F. Young/Shutterstock.com; p. 7 Everett Historical/Shutterstock.com; p. 9 Burlingham/Shutterstock.com; p. 11 Keith Bell/Shutterstock.com; p.13 Megan Betteridge/Shutterstock.com; p. 15 (top) Tom Williams/ CQ-Roll Call Group/Getty Images; p. 15 (bottom) Bill Clark/CQ-Roll Call Group/Getty Images; p. 17 RHONA WISE/AFP/Getty Images; p. 19 sirtravelalot/Shutterstock.com; p. 21 Hero Images/Getty Images; p. 22 chekart/Shutterstock.com.

Cataloging-in-Publication Data

Names: Rajczak Nelson, Kristen.
Title: ¿Quién puede votar? / Kristen Rajczak Nelson.
Description: New York : PowerKids Press, 2019. | Series: Votar es importante | Includes index.
Identifiers: LCCN ISBN 9781538333365 (pbk.) | ISBN 9781538333358 (library bound) | ISBN 9781538333372 (6 pack)
Subjects: LCSH: Voting--United States--Juvenile literature. | Elections--United States--Juvenile literature. | Political participation--United States--Juvenile literature.
Classification: LCC JK1978.R35 2019 | DDC 324.60973--dc23

Manufactured in the United States of America

CPSIA Compliance Information: Batch #CS18PK For further information contact Rosen Publishing, New York, New York at 1-800-237-9932.

Contenido

El derecho al voto

Los **ciudadanos** estadounidenses eligen a sus líderes por medio del voto. Votan por los líderes locales, como los alcaldes, y también por los líderes nacionales, incluidos el presidente y los miembros del Congreso. El derecho al voto es uno de los derechos fundamentales enunciados en la Constitución de Estados Unidos, que es la ley suprema del país.

VOLUNTEER

Todo el mundo puede votar

Cuando en 1776 se constituyó Estados Unidos, solo algunos hombres blancos tenían derecho a votar. La Decimoquinta Enmienda, o modificación a la Constitución, otorgó a los hombres negros el derecho al voto. Durante muchos años, las mujeres lucharon por este derecho. Más adelante, en 1920, la Decimonovena Enmienda también otorgó a las mujeres el derecho al voto.

WOMAN SUFFRAGE
HEADQUARTERS.
MEN OF OHIO!
GIVE THE WOMEN A SQUARE DEAL
Vote For Amendment No. 23 On September 3 – 1912.
COME IN AND LEARN
WHY WOMEN
OUGHT to Vote.

Elector residente

Hoy en día, para votar en la mayoría de las **elecciones** de Estados Unidos, los electores deben ser ciudadanos estadounidenses. Los ciudadanos son personas que viven en un país y tienen los derechos que las leyes de ese país les otorgan. Los electores deben tener 18 años el día de las elecciones o haberlos cumplido anteriormente. También deben vivir en su estado durante un tiempo determinado.

¡Tienes que registrarte!

Los ciudadanos tienen que registrarse o inscribirse en su estado para poder votar. Cuando se registran, muchas personas optan por afiliarse a un **partido político**. A veces, los estados poseen leyes sobre cuándo deben registrarse los electores. No cumplir con la fecha límite, o plazo final, podría suponer ¡no poder votar en las elecciones!

Voter Registration Application
ompleting this form, review the General, Application, and State spe
This space for office u
he United States of America?
old on or before election day?
in response to either of these questions, do not complete form.
ific instructions for rules regarding eligibility to register prior to age 18.)
Middl
First Name
Last Name
Apt. or Lot #
ty/Town
ess
here You Get Your Mail If Different From Above
ID N
Telephone Number (optional)
5
6
Birth
Month Day Year
8
Race or Ethnic Group
(see item 8 in the instructions for your State)
e of Party
n 7 in the instructions foy your State)
's instructions and I swear/affirm that:

Votar fuera de casa

Los ciudadanos estadounidenses que viven en un estado diferente al que están registrados, o en otro país, o sirven en las Fuerzas Armadas, también pueden votar. Estos electores tienen que registrarse en su estado para así recibir un impreso especial llamado *papeleta de* ***voto por correo***. Señalan su elección y envían por correo este impreso para emitir su voto.

U.S. ARMY

En los territorios de Estados Unidos

La gente que vive en los **territorios** estadounidenses de Guam, las Islas Vírgenes de Estados Unidos, las Marianas del Norte y Puerto Rico, son ciudadanos estadounidenses. Quienes viven en Samoa Americana son **nacionales** de Estados Unidos. Los registrados en estos lugares pueden votar en muchas de las elecciones de Estados Unidos, como las de miembros del Congreso.

Puerto Rico
con
ROMNEY
RYAN
Puerto Rico
con
ROMNEY
RYAN
RYAN

GUAM

Pero no para las presidenciales

Sin embargo, los habitantes de los territorios de Estados Unidos no pueden votar en las elecciones presidenciales. Para estas elecciones, un grupo de personas que representan o actúan en nombre de los votantes registrados en su estado emiten los votos. Estos grupos reciben el nombre de *Colegio Electoral*. Los territorios de Estados Unidos no están incluidos en el Colegio Electoral.

CAMPAIGN 2016
2016 Electoral College Map

En la cárcel

Por lo general, las personas que han cometido determinados crímenes no pueden votar mientras están en la **cárcel**. Después de salir de prisión, algunos estados las hacen esperar durante un tiempo determinado antes de poder volver a votar. En ciertos estados tienen que hacer una solicitud expresando la intención de recuperar su derecho al voto. En otros, no pueden votar nunca más.

COUNTY
JAIL

La capacidad física no afecta el voto

Las personas con **discapacidades** también tienen derecho a votar. Quizá tengan dificultades para llegar a un lugar de votación o comprender cómo se hacen las cosas. Sin embargo, pueden hacer que un amigo, un familiar o un cuidador las ayude. A veces, a estas personas se les dice que no les está permitido votar, pero solo un juez puede dictaminar quien puede o no votar.

VOTE HERE
I VOTED
VOTE

La voz de los electores

Hoy en día, casi todos los ciudadanos estadounidenses pueden registrarse para votar. No importa cuál sea la raza o las creencias religiosas de una persona, ni cuánto dinero tenga: puede votar. Votar concede a los ciudadanos voz en el Gobierno y ¡ayuda a los líderes a saber lo que piensan y quieren los ciudadanos!

Glosario

cárcel: lugar donde deben permanecer las personas que han cometido un crimen.

ciudadano: persona que vive en un país y tiene los derechos que le otorgan las leyes de ese país.

discapacidad: una condición, como una enfermedad o lesión, que limita o cambia la forma en que alguien se mueve o piensa.

elecciones: el acto de reunirse para emitir votos con el fin de elegir a alguien como líder.

nacional: una persona que es de un país o del territorio de un país, pero que puede no ser ciudadano de ese país.

partido político: grupo de personas que tienen las mismas ideas sobre cómo se debe dirigir el Gobierno.

territorio: una de las partes de Estados Unidos que no es un estado.

voto por correo: voto emitido por correo antes de unas elecciones por un ciudadano que no puede votar en persona el día de las elecciones.

Índice

Sitios de Internet

Debido a que los enlaces de Internet cambian constantemente, PowerKids Press ha desarrollado una lista en línea de sitios de Internet relacionados con el tema de este libro que se actualiza regularmente. Utiliza este enlace para acceder a la lista: www.powerkidslinks.com/wvm/wcv